I0789357

Règles de jeux:

SUDOKU:

Sudoku est joué sur une grille de 9 x 9 espaces. Dans les lignes et les colonnes sont 9 "carrés" (composé de 3 x 3 espaces). Chaque rangée, colonne et carré (9 espaces chacun) doit être rempli avec les numéros 1-9, sans répéter aucun nombre dans la rangée, la colonne ou le carré

Sudoku

2					9	6	3	8
8			5				2	
			2				9	
5	8	2	7					
		6		9			1	
7	1		4		3	5		
	6			4				
	2				1			
3		7				1		

Solution Sudoku

2	4	5	1	7	9	6	3	8
8	9	3	5	6	4	7	2	1
6	7	1	2	3	8	4	9	5
5	8	2	7	1	6	3	4	9
4	3	6	8	9	5	2	1	7
7	1	9	4	2	3	5	8	6
1	6	8	3	4	7	9	5	2
9	2	4	6	5	1	8	7	3
3	5	7	9	8	2	1	6	4

Labyrinthe:

Aide la souris à rejoindre le morceau de fromage

coloriage:

Colorer les dessins

1

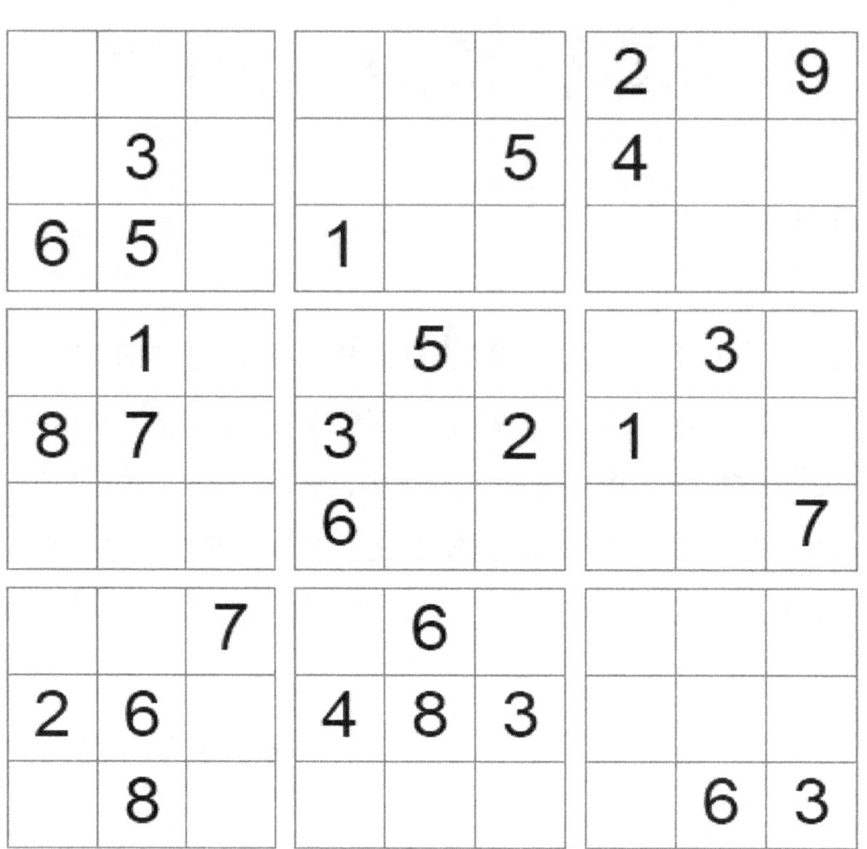

						2		9
	3				5	4		
6	5		1					
	1			5			3	
8	7		3		2	1		
			6					7
		7		6				
2	6		4	8	3			
	8						6	3

							7	
5							1	8
9			1		5	4	2	6
			6		7			
			5					7
		6	3	1	9			
	8	5					4	
		3						
6		1	4	3		9	5	

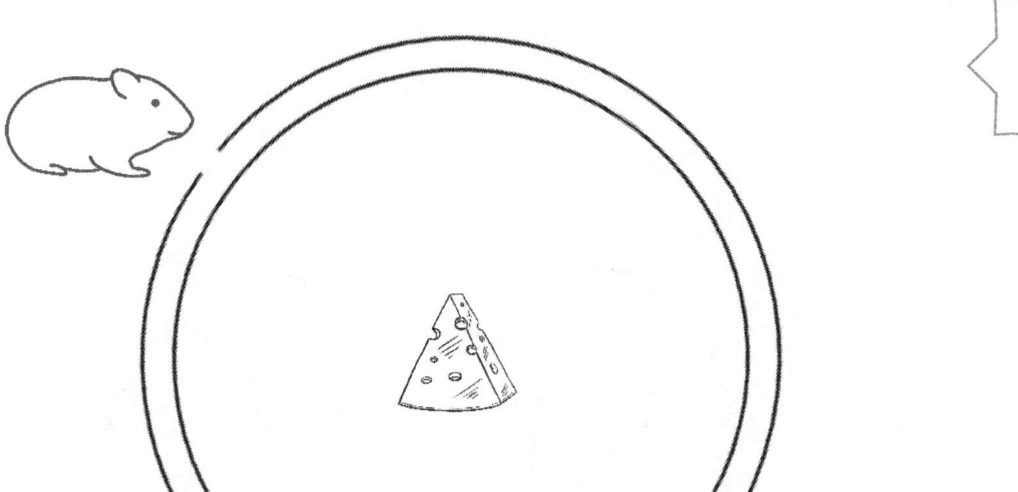

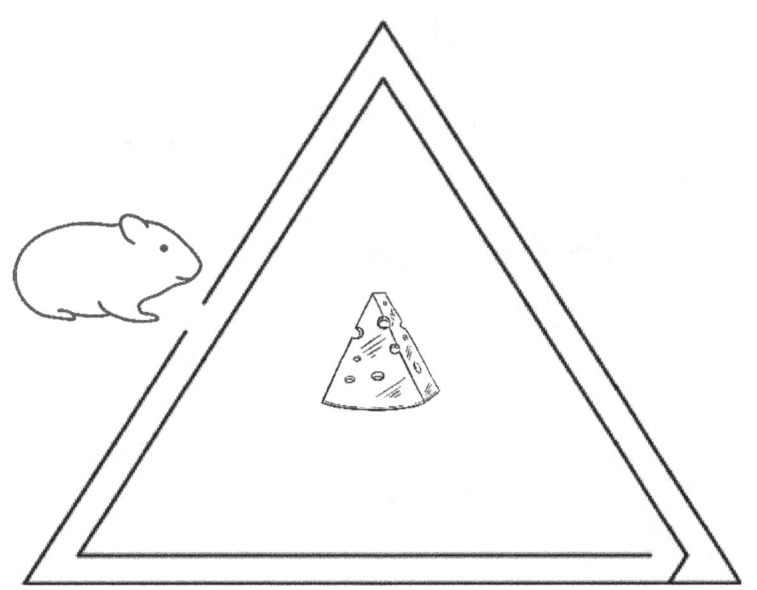

3

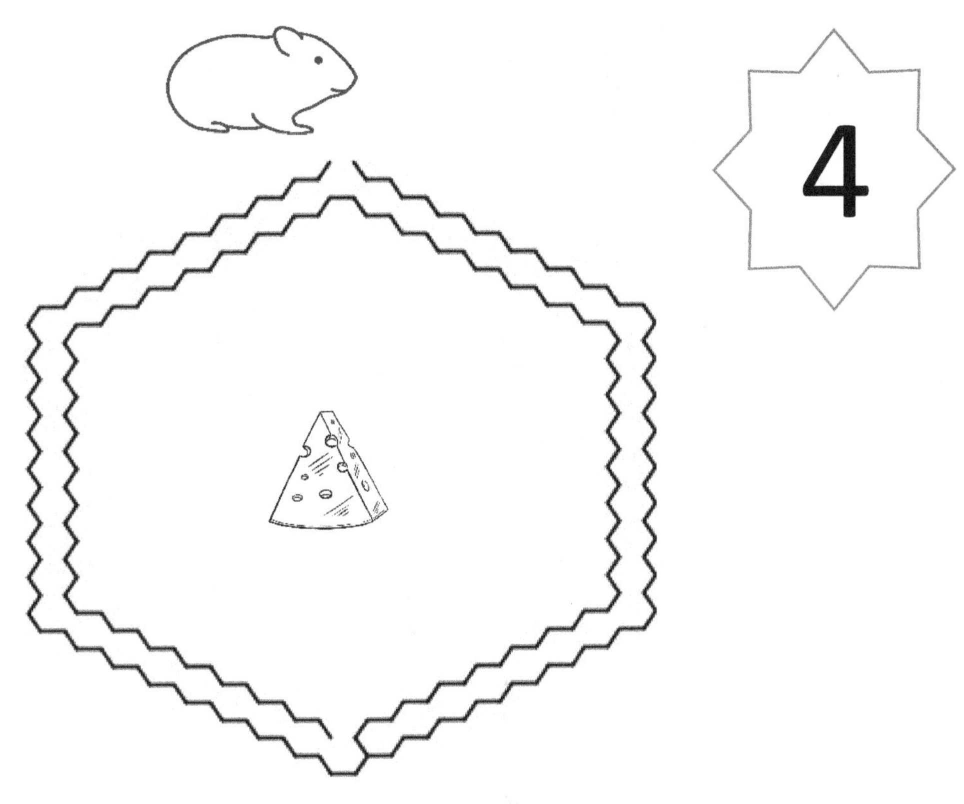
4

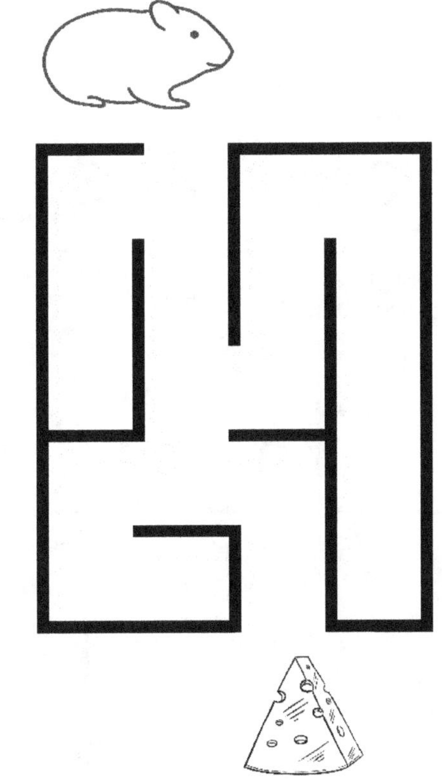

5

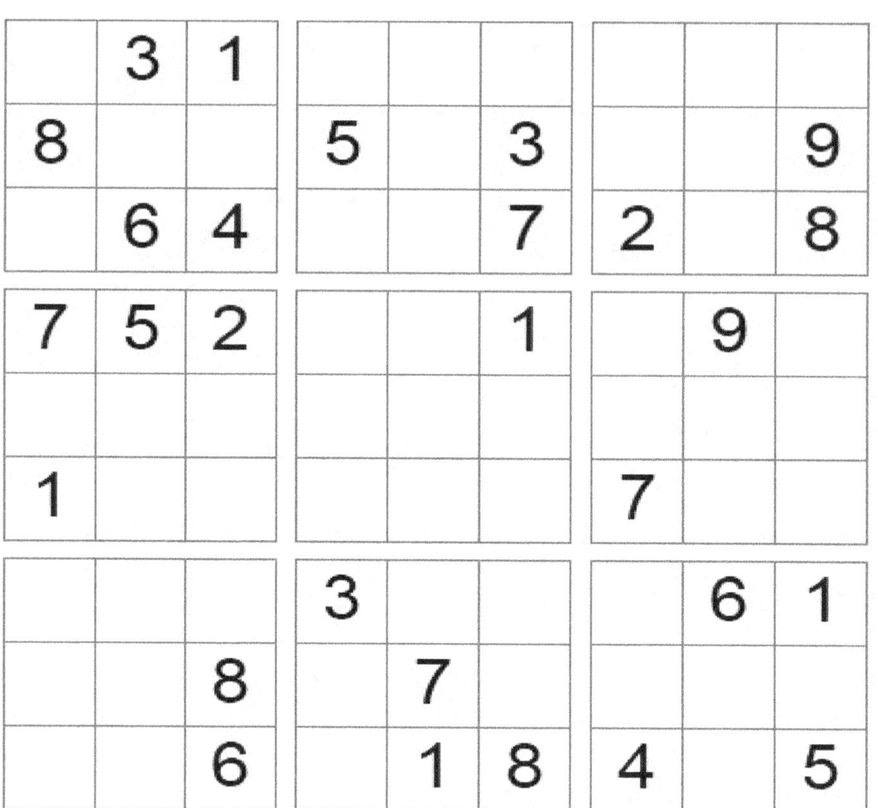

	3	1						
8			5		3			9
	6	4			7	2		8
7	5	2			1		9	
1						7		
			3				6	1
		8		7				
		6		1	8	4		5

				2	9			
4		2	1				5	
		3		8	6	7	1	
		9	3	4	7			5
			9			3		
2							9	8
	3				1			
	9	1			8	6	4	

6

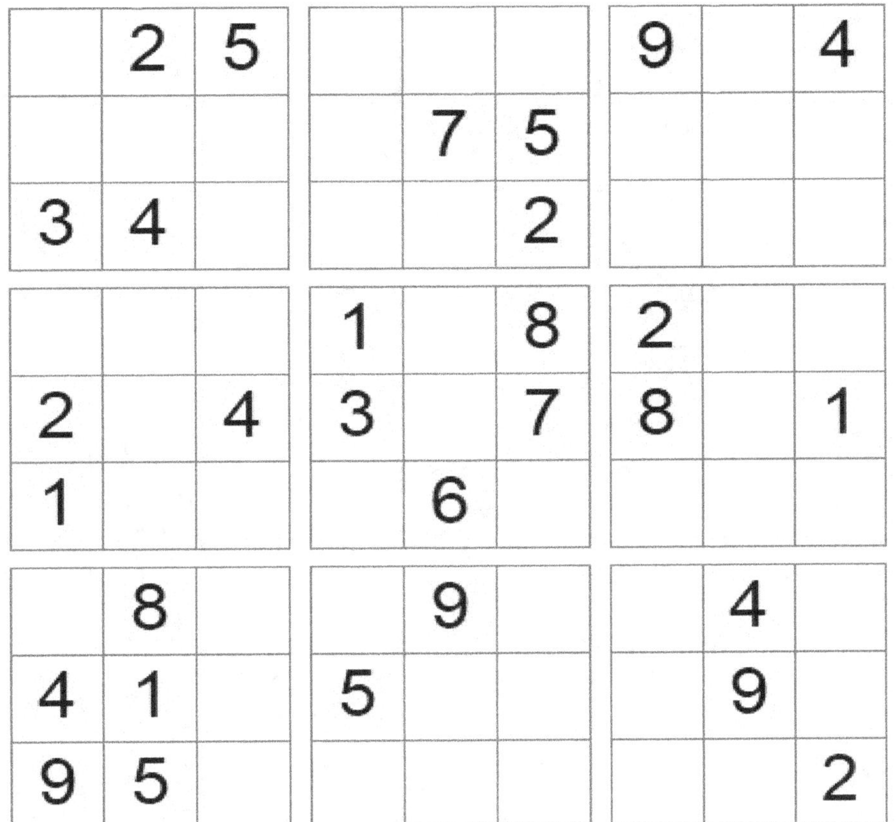

	2	5				9		4
				7	5			
3	4				2			
			1		8	2		
2		4	3		7	8		1
1				6				
	8			9			4	
4	1		5				9	
9	5							2

5	6	8			9	4		
9					8			3
4								9
			8	9	3			2
1				6			4	
	3		1		2	5		7
			6				7	
			9			1		
	1			2	5			

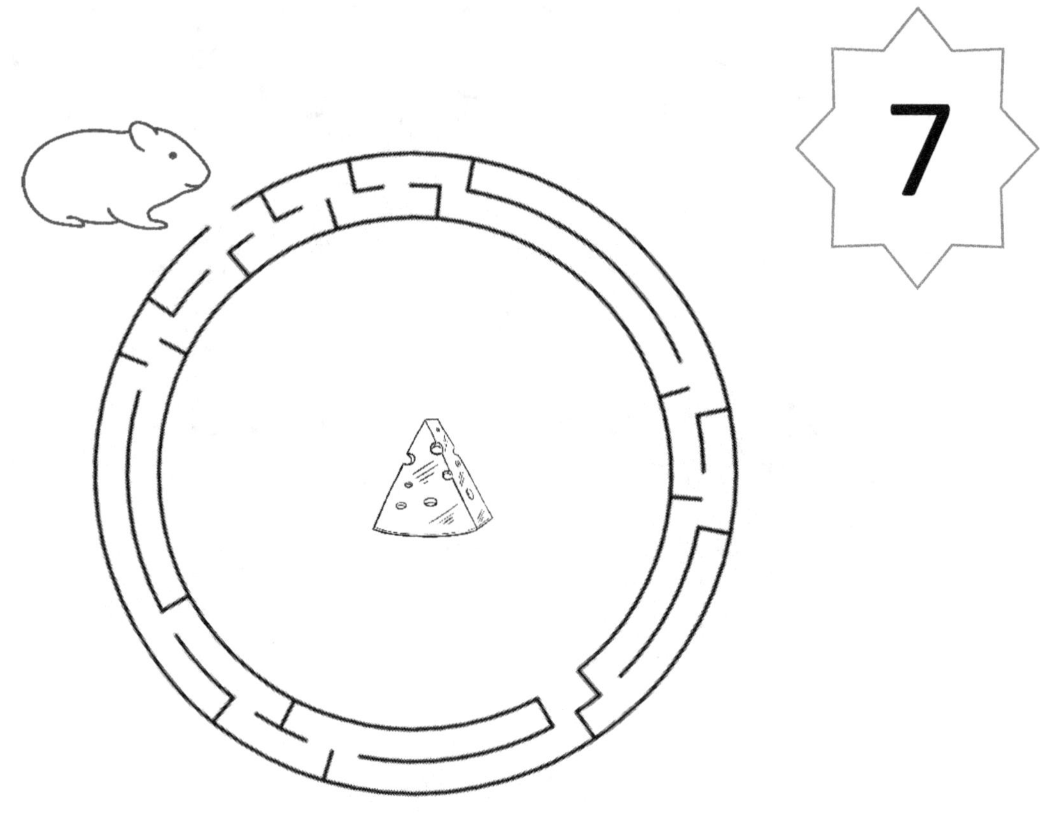
7

8

	7	4						
1			8		4	6		
	3	5			9	1		2
9	2	8			7		6	
7								9
			4			7	5	
	1			9				
	5			7	1	8		3

3		5		1	8			4
8				6	5		2	
	4				9	5		
5	1				2		7	
7				4		1	3	
9				7		2		
	7			5		8		
			1	8		7		
4			6					1

				5				
1			3	8			5	
	2	9		1	7		6	
	4	8			2		3	7
						4		
7	5							
	7						1	8
	8			4		5	9	
	1					3		4

		8						
9		2					5	
1	7	3	5		2		4	
			8		1			
8					5			
			4	2	6	1		
		7				5		9
						6		
	4	5		6	7	2	1	

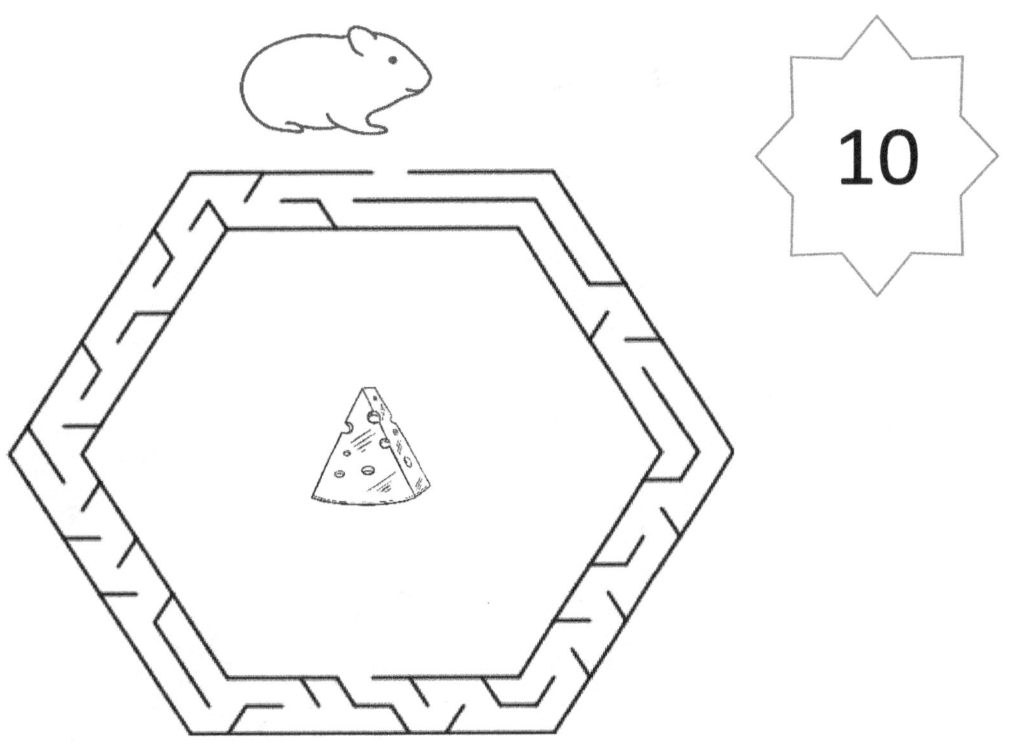
10

	9	8						
		5	2			6		
			6		7		1	
2			1					6
		1	4		3	8	2	
	4						7	
				4				7
			7		8	2	5	3
7	2		3					

		1	4	3		6	5	9
5		9			6			
		3	5			2	8	1
					3	5		
	7					9		
		2	6					3
			7		2		9	8
		4		9		7		
					4	1	6	5

12

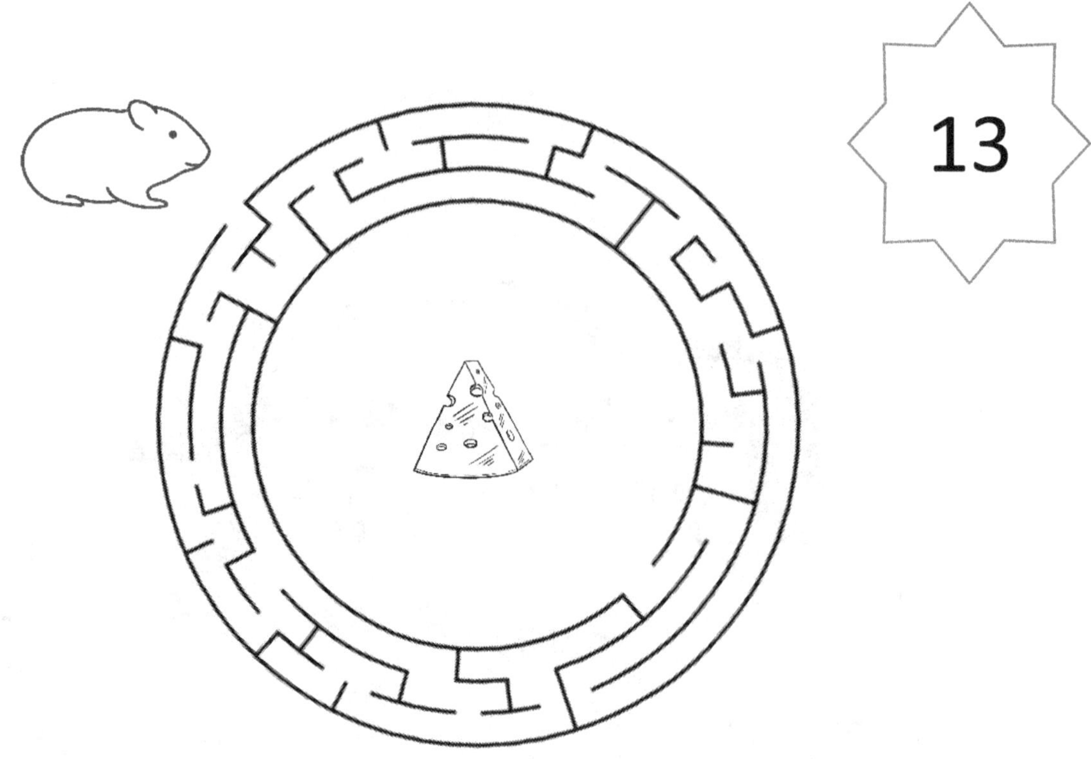

7	5	9		2			8	6
	1				8		7	
	8					5	3	1
1		2	4				6	
4	9							
			7					9
	7	8	1	6				5
6			5	3		8		

	4							
	6	1			9			4
7	9		8	5				3
8			2	6		7		1
							2	
			4		7			
			7			6		9
	2		6				4	5
			9			2	1	

	3		7		8		4	2
		6			2		9	7
7				3				1
		5		4	7			6
4		8			5		3	
6					1		5	
2				5			7	
5						4	2	
	4				3	9		

	2	6				5		1
			5	3				
			1				4	2
		1	8		7			
	7	8	3		4	2	1	
				9			7	
2				6				8
6					5		2	7
	1						6	5

9	6						2	4
			6	8				
4		7	9					
			1		3		9	
	4	9	8		7		1	3
		3		5				
1				2		4		
3		4			6	2		
6		2						9

	3	7		8		6		
6	8	5	2					
4								
8		9						5
	7				8			6
3						4	2	8
	4	2	1		7			
	1				2			7
7	6	3				5		2

3		5				1	8	
				4	3			
	2	1			5			
			9		6		5	
1	5		2		4	9	6	
	9			7				
		6		8				1
	1	9	3					8
	8	3				5		

						5		
7		6		5	1			8
3		1	2		8			
	3	7			5			
6	8	4						7
2	1			4	7		8	
		2	9	7	6			
			5				2	
					4			6

		3			6	1		
1		6	3					5
4	5		2				6	
	7							
	3		9		5	8		4
	9			3				
			7					9
	1	5				6		
	6	9		2	4			

8	1				9		6	
	7	4				8	5	9
4		8				9		3
2	5			3				7
3			8					
5			6		4			
	4				3	5		
				9		1	3	4

				3			9	
							7	6
	1				6	3		8
7	4	2			3	9	1	
3	8		7			6		2
5				2	1	7		
		9		1				4
		4	8			2		7
6					4			

		1	9					
8		4						
6	9			8		2		
	1	2		9		3	4	5
5	8				4	6	9	
	4		5	2			7	
3			2					1
4	5				6			3
				3			8	

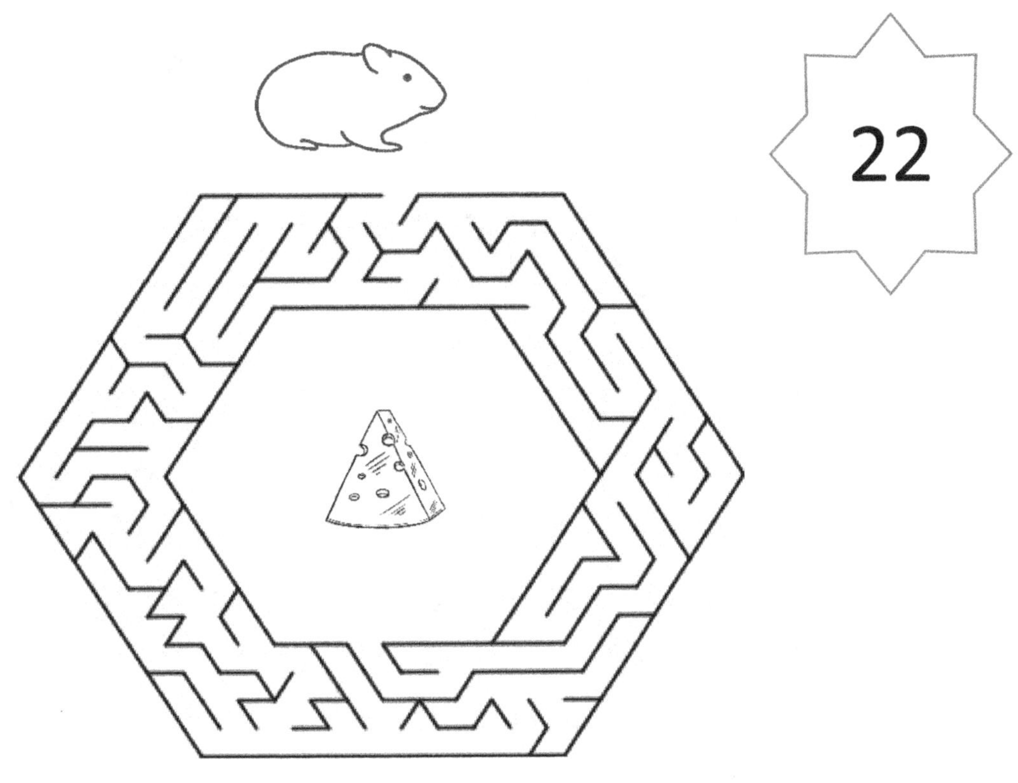

		2			1	8		
9				2	8		1	
	8		9	7			4	
			6					
7		3	1			9	5	
			5					1
5							6	
		8	2		9			
			8		5	7		4

			4		1	8		2
	4						9	
				6				1
2	7				8	1		
				7	5	2	3	4
9								7
			8		3			
	5							3
	1			4			7	

5		1		6		9		
4	2		1	7	9			
	1	2	9		8			
7		3			4		8	
		8						1
		7				2		6
2			7			8		
			5	8	2		9	

1				8			2	
	3		1	2				8
		2	5		3			6
					4			
9	5				8		3	7
					7	8		
	7							4
2				3	1			
				7	2	6	5	

		8			9		3	
2				6			8	
7			2		1	9	5	4
	8	2					9	
			6	9				
			1			2		5
				3			6	
		3			4			8
							7	9

								3
9	7	4	5					
	2	8						
		9					5	
		6	4	1				7
1			3				9	
		1		4	5			
				7	1	9	8	
7			6		3			

5								6
				7				2
		1			4			8
							4	
		4	5	9			6	
	3	5	2		8		9	
7		3			2	5		
9		6	8		3			
4	2							1

	5		7		6			1
9	6							
2		3					9	
5				2	8			6
8					7	1		
	3				4	5	2	
		7		4		9	5	
							6	
			6	7				

28

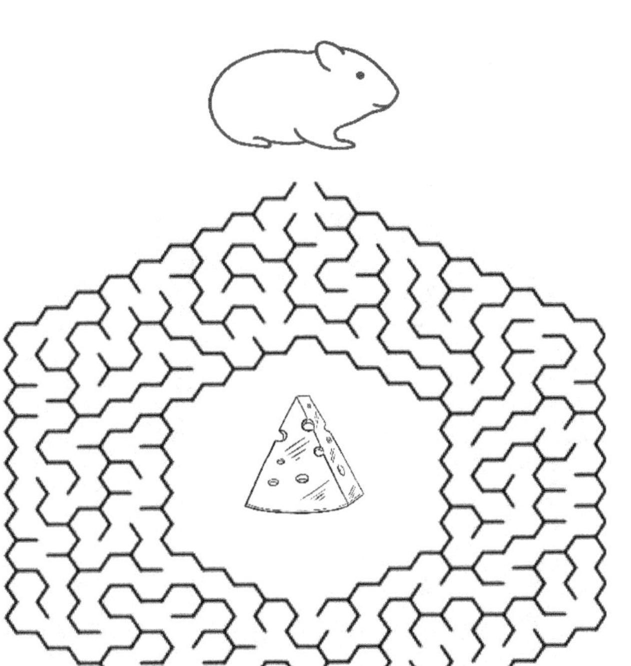

				6			7	
2	9	4		7				
7	6		2	4		9	1	3
	7	2	8				9	
	4	3						
8		6			9			5
		7	4			1		
		5			7	8		
						2	5	

				9				2
4	5	3		2				
9		2	3	5		7	4	6
2	3		8					4
5	7							
	9	8			4	1		
	2		5				6	
	1				2		8	
							3	1

30

					3			5
6	1	7			5			
5	3		6		7	1	2	4
	5	6	9					1
	7	2						
9		3		1			8	
		5	7			4		
		8		5		9		
						6		8

			8		4	9	5	
		5		3				
					9			7
4		2	9			8		
			4	6	5	1		2
3					2			
						6	8	
		1			6			
		9		2				5

1		6		2	7			
			3					6
	4			1				
7					1	2		9
5	9		8	6	2			
				9		3		
8		7						
				8				5
	6		9					1

				3			5	
7	6	8					3	
5	3		7	9	2	6	8	
3		6		7		1		
8		2						
	1	5			4			7
		3	9			8		
		4	1					3
			6	4				

	7			2			8	
4			5				7	
				8				
		3			6			
1	4		8	7	9		3	
5	9	7	2	1				8
					8	3		
8	1	9					2	7
	3			4			1	

		1		9			8	4
	7		4			6		1
8		4		3				
	9			4		2		
		3					7	
		8	2		5	3	6	
1		2			9			
	8	5					2	
6			1		8			

		7	2	6				
					7		6	
4					8		1	
	6					8		3
		2	9					5
3	4		6		5		9	
			7	3	9		2	
					4			
5	2	4						

4		9						6
		6	5			3	9	
			7			2	4	
7								
1		8		2		7		3
	7		8	9		5	3	2
	3	1						
			2	3		6		7

37

	6	3	9		8	2		
			7					
2	7			4	6			3
6				3			7	5
			8				6	1
		8	4				3	
7							5	9
		4		7				
8								

			2		7			
					1	8	5	4
1	5							2
8	7			4			2	
		4						
9			5		2			
		1	4	6		3		5
5				2				
4	6		8					

		3			7			4
6	8				4		7	
4				3				
	3				8			
8				1		7	2	
			9	2			4	5
		6		5				
			6	7	9			
7	9			8				

8				9	1			
				5	6		3	7
	3						1	
2				6	7	1	5	3
							4	8
3	5							
	7		6		4			
4	9		2			3		1
	8	2			9			4

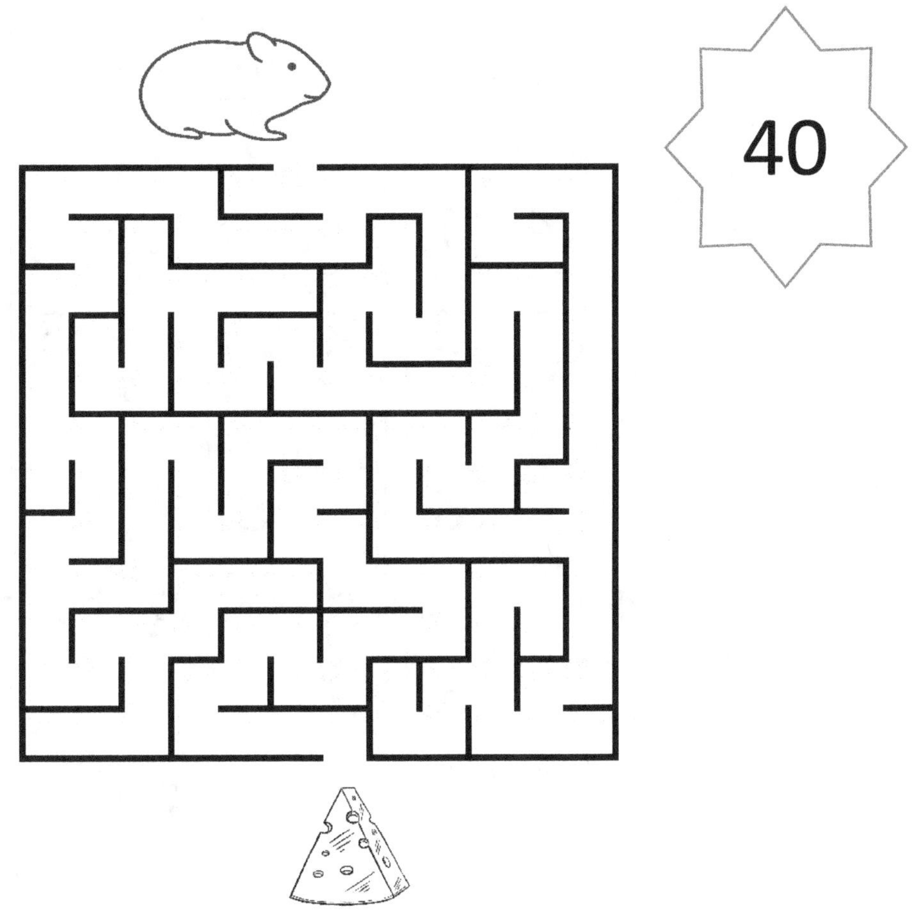
40

				7	8			
				1		4	5	2
	4	1						8
	7	5	2			8		
2								
		6		8	4			
1			3		2		9	4
		4	8					
	3	2			5			

4	1		8	2	9	7		
		7						4
	6	9			7	8	2	3
8		5	7			9		
6	7	2	1		3			5
9	4	1		8			3	
					1		7	
1						5		8

			4	1				
					5		7	9
		8	9					
		6	1			5	3	
2		9	8			6		
		4	3					
4					9		5	
6		3		2		9		
			5					

	4	6	9		8			1
	5							
7		8		1	5		9	
9				8		5	3	
	6					8	2	
	7		6			9		
				5		3	4	
5			7					
				6				

		1					4	7
				9	2		6	5
	2				4			
		8	4	2	5		9	6
				1	3			
	5	2						
	9					6	3	
	7	3	2	4		8		
8	1			3			7	

		8	7	4	6		1	9
1						8		
5	7	6		8		4		2
		4			8	3	6	
3				5	9	7	2	8
	5		6			9	4	1
	8			9				
6		3					9	

	5		8					
2		8	4		3	1		5
					6	2		
		2	3			7		1
		3			8			9
				4				3
		9		8		6		4
		7						
3								2

			3		7			
							7	2
		3	2	9			1	
		8		7		1		5
6	3			4				
	2			1	3		6	
			1		5			4
		7		3		2		
	4							

					6	3		2
3		9			8	7		
	6	7						
2	3	1		6	7	9		4
		8		3				
6	7			5	9		2	
5	8				1	2		9
7					5	4		
	1	3					8	

1		5			7			
7			4	1			2	
			3	5			9	
		9						
8		6	9		4			3
	9		2	4	3		8	1
6	4							
			7		9		3	4

9		8			3			
3			2	9				4
			7	8				6
		6						
1		5	6		2	7		
	6		4	2	7	9		1
5	2							
			3		6	2		7

5	6							
						2	6	
2		7			5		4	
		6			8	3		4
		9	5	1				
	5	4	2				1	
4	3					9		
		5			6			2
			9					

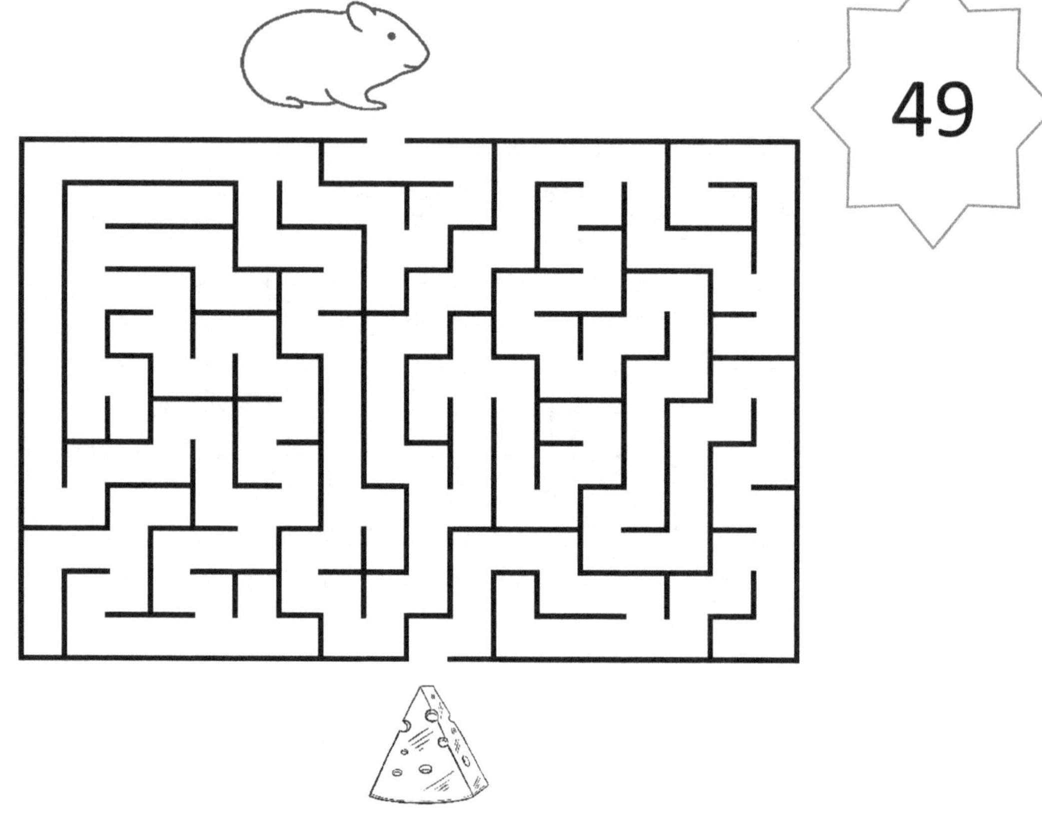

50

		8					4	7
			7			8		
5			2			6		
	7			6	1			
		4			3		9	
1	5		9			3	7	
			4			9	8	1
						5		
3	4	5						

	8					5		
		3		9			4	
4					8		3	6
			6			4		
7	6				9		5	
	2	4			7			
9					5			2
	5	7	3				8	
				4			1	

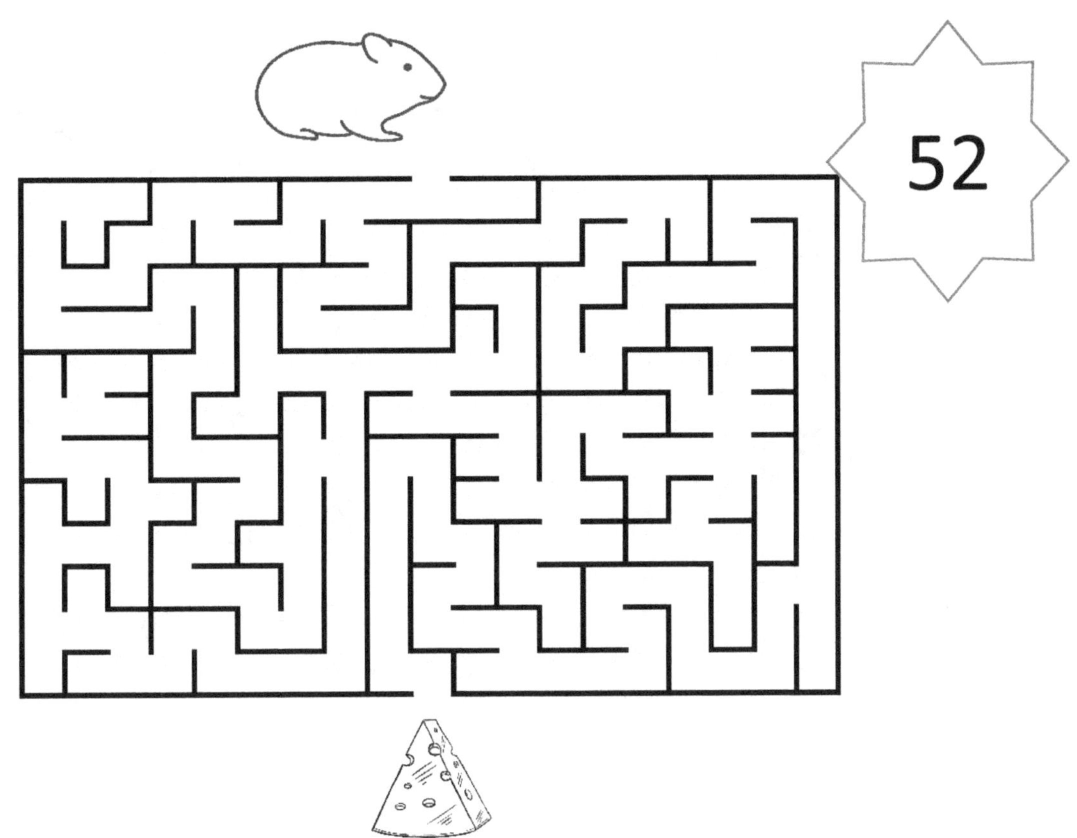
52

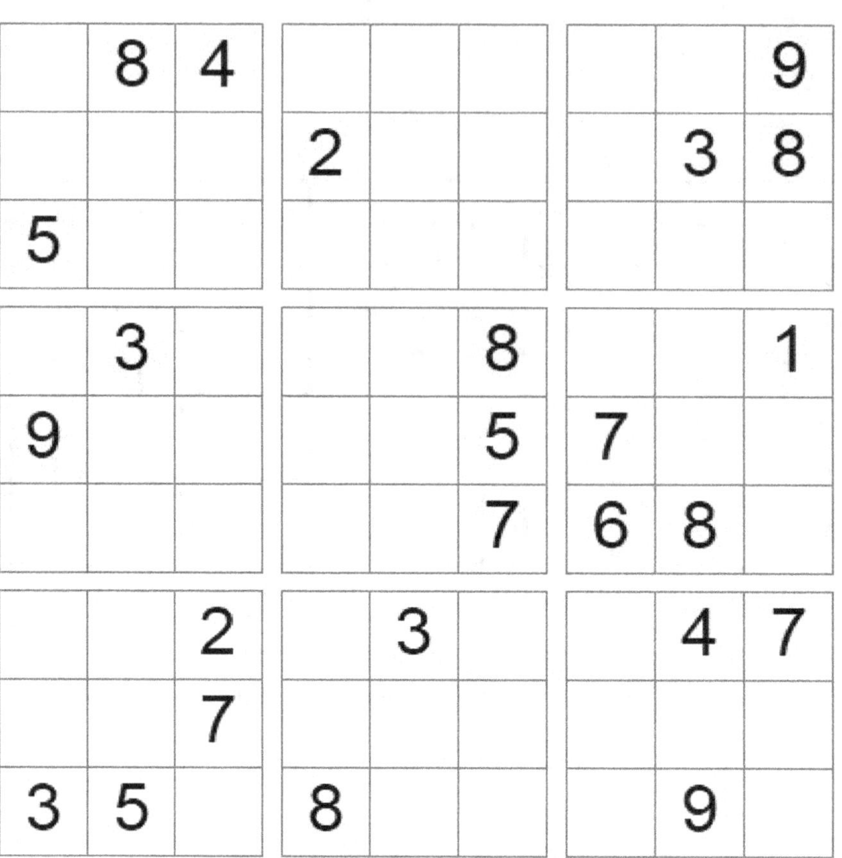

	8	4						9
			2				3	8
5								
	3				8			1
9					5	7		
					7	6	8	
		2		3			4	7
		7						
3	5		8				9	

	7					8		
5	4		8	9			7	3
2				3				
	5		9	1			3	
7			6				5	
		4	5					
		7	4	2			6	
							1	
			3					5

54

		8		9			1	
					8	5		
6					4			
				5				2
			2				3	5
			7		9			4
	3		4				2	9
7		2				6		
	9			6				3

7			6	9		4		
		4	1	8				
3					2		1	
		9						
				1	4	6		3
2					7		5	
9								
	2	5		4			9	
				2		3	4	

55

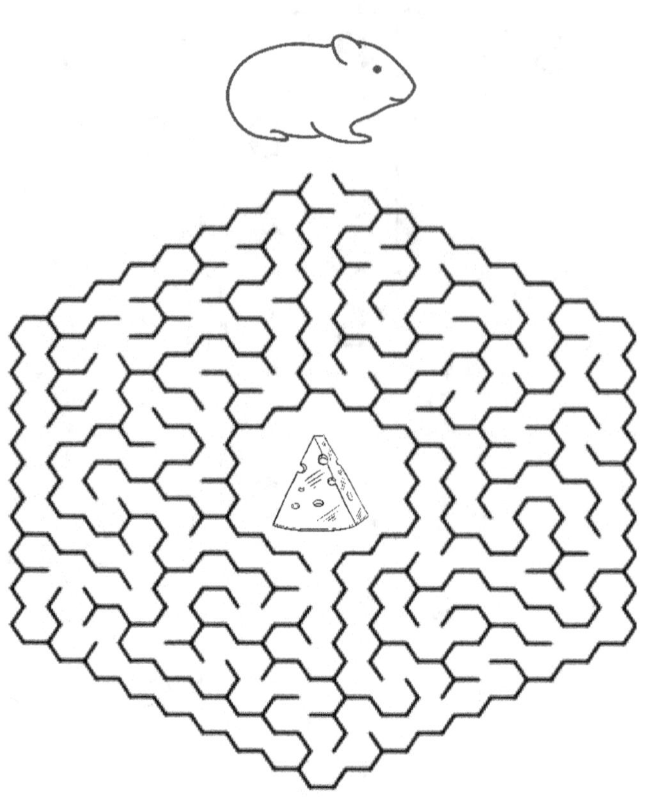

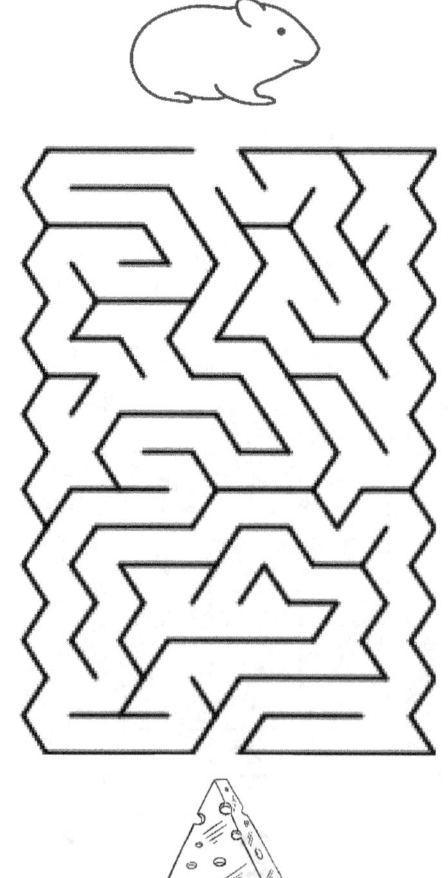

	7			5		6		
		3		2			4	
9	4	5				7		
				7			5	
		1				9	8	
7	5					3		6
			9			8		3
			6	1		4		9
		9			8			

		3			7			
		1				8	6	
4				2				
		4		7			3	
2	6						9	
5		7	2		8	6		
						9	2	
6				1				
3	8		7					5

		2			8		4	
	9				6			8
	6		5					
	8	9						7
6		7					9	4
			7					3
	3						2	
8			3	5		7		
9		5	4			3		1

3		2			6			9
			8	9	4			
	9		3		1		4	
7								
2		6		3	5			4
			1					5
9			4		2			7
5								3
				7	3	6		

59

	1	8						
					6			
7	3			8		9		
	6				7	4		8
	8		4		5			2
2						6	3	
	7	3			2			
5					3		6	1
		1	6			3	2	

				3	8			7
	4	5	7					2
	6					9		3
	8		9	4		2		
			6		7			
					5	8		
1		2				3		
			8					
		8	1	7		6		5

60

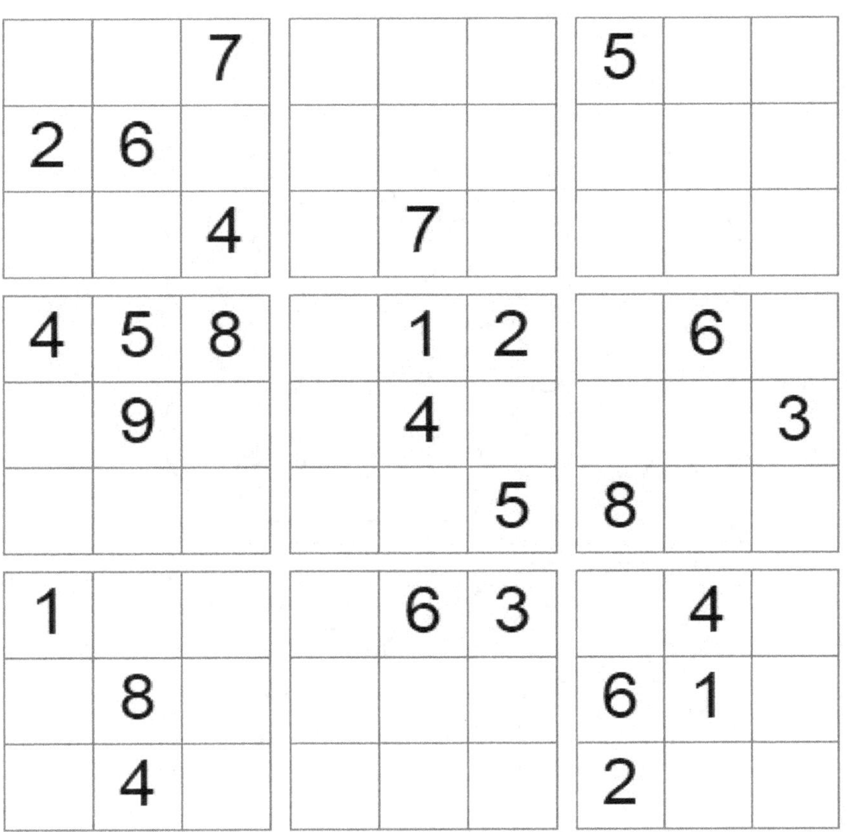

	8							
3		5				7		
		6	9	8	2	1		5
8		2			3		1	
6	1		2	4			8	
5					8			3
4		8		2	9	3		1
			5				4	6

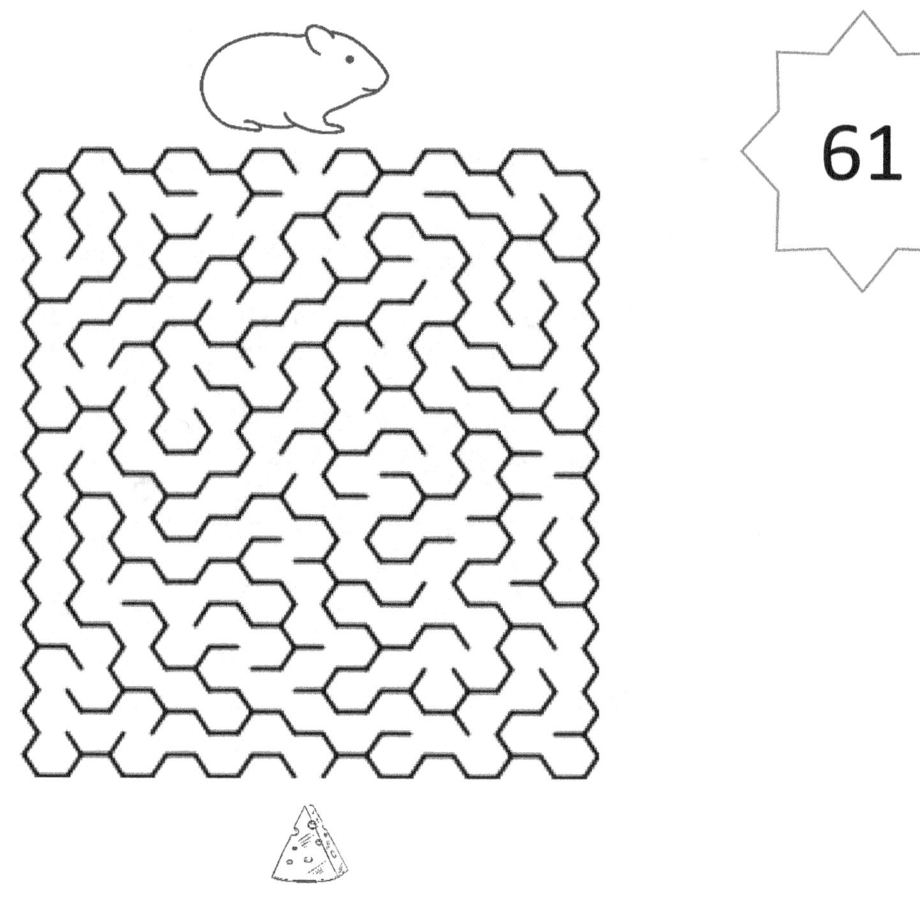

	3							
4		1	2					
9			6	4		7	3	8
7		3			6	1		
	6	9			3		5	7
		4		1		3		
3		5	1	6		8	7	
				9	5			4

5	2		6			7	9	4
			7		5		2	
4	3							
		9	2			6		
2	5				3	4	1	
9					2	1		
		1	8	6	9			
		2		5		3		

63

9			5			6		
8				9			1	
		2					8	
				4		1	9	
			1	5		4		8
		4		7				
			6				7	
	2	7			4			9
		5		3	7	2		1

			2			1		3
	7	9	6				2	
	4		3		8			
	1				6		8	7
						2	4	
					1	9		
5		6			3			
							1	
		1	9		4		5	2

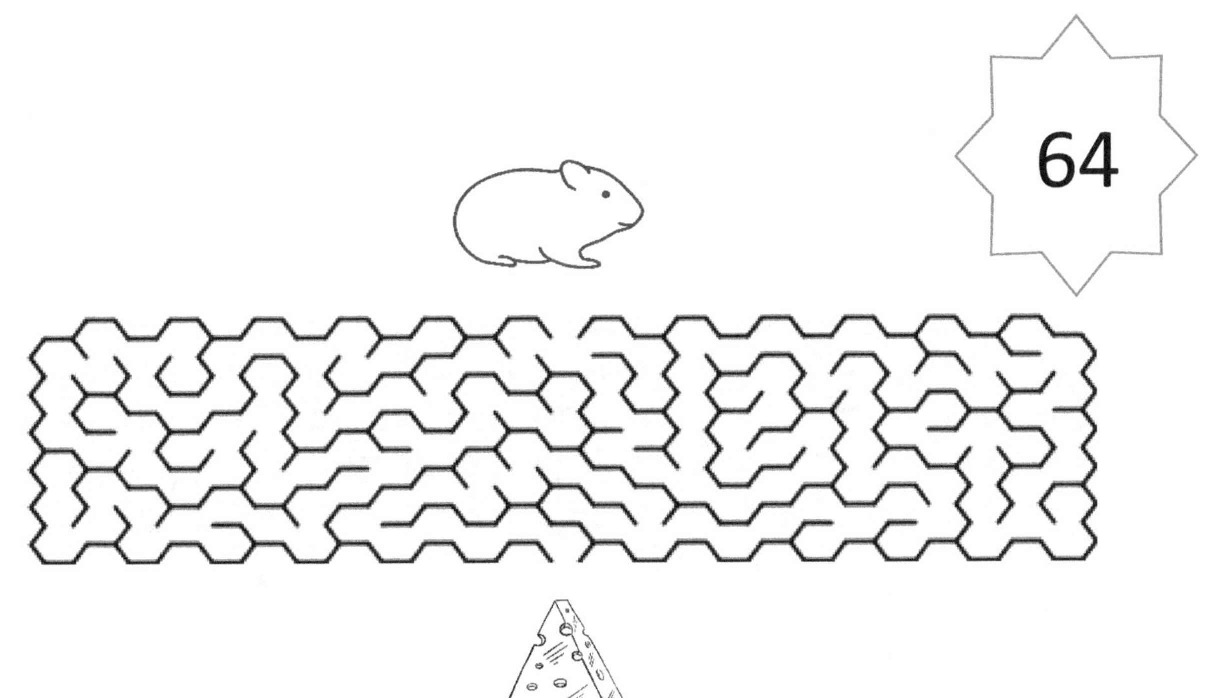

8							9	
			4	6			5	
	7					3		
	8			9			3	
				1		7		6
4		7	6			2	8	
			1	7				
	5					6		
		8			2	9		4

					4			
			1	2			6	
5	8	4	9			1	3	
	2		8	4				3
8		7		9	3			4
	4			1		2		
	5	8	4	7		3	2	
1						9		7

				2				
			4		8	9		
2	3	7	6			5	4	
		8	7		2			5
1	7			5	6			2
		2			4		8	
7		3	2		1	8	5	
	4						6	1

				6		2	3	
4		9		7				6
5				2	1			
3					7	4		1
							6	5
					3		9	
	8	7			2			
								3
		3		9	5	6		8

68

				7		1		
9	6					8		
			2					5
	1		7			5		
	4						6	2
6				9	2	7		3
4	2							
			8					6
		3			7		9	1

		6			2			3
	7		3					1
	1						8	
	3	7	5					
1		5	2		7			
			9				5	
	9				6			
3				5		8	9	
7		8	4	9			2	

70
Bonus !

	6	5				7		1
	7					5		
							6	
			6			3		
6	9			5				4
		4	8					5
					5	4		
9		1		6	7			8
	4				1		7	

				9			4	
	3		5		7			
	5			2	6		1	
	7			6			2	
			9			8		
		8		4	3		5	
	6	3	7		4			
				3		6		
	1	4				2		

9					3			
	4	8						
				8	9			1
	8	3			7		4	
	6		5			9	3	
				2			6	
	2	5		9				
						6		2
	1				5	3		

	9	5					2	
					6		1	
7	2	1	8					4
	6		7	2				
		8			3	1		
	1				5		6	3
							4	6
		9	6					
	8					5	7	

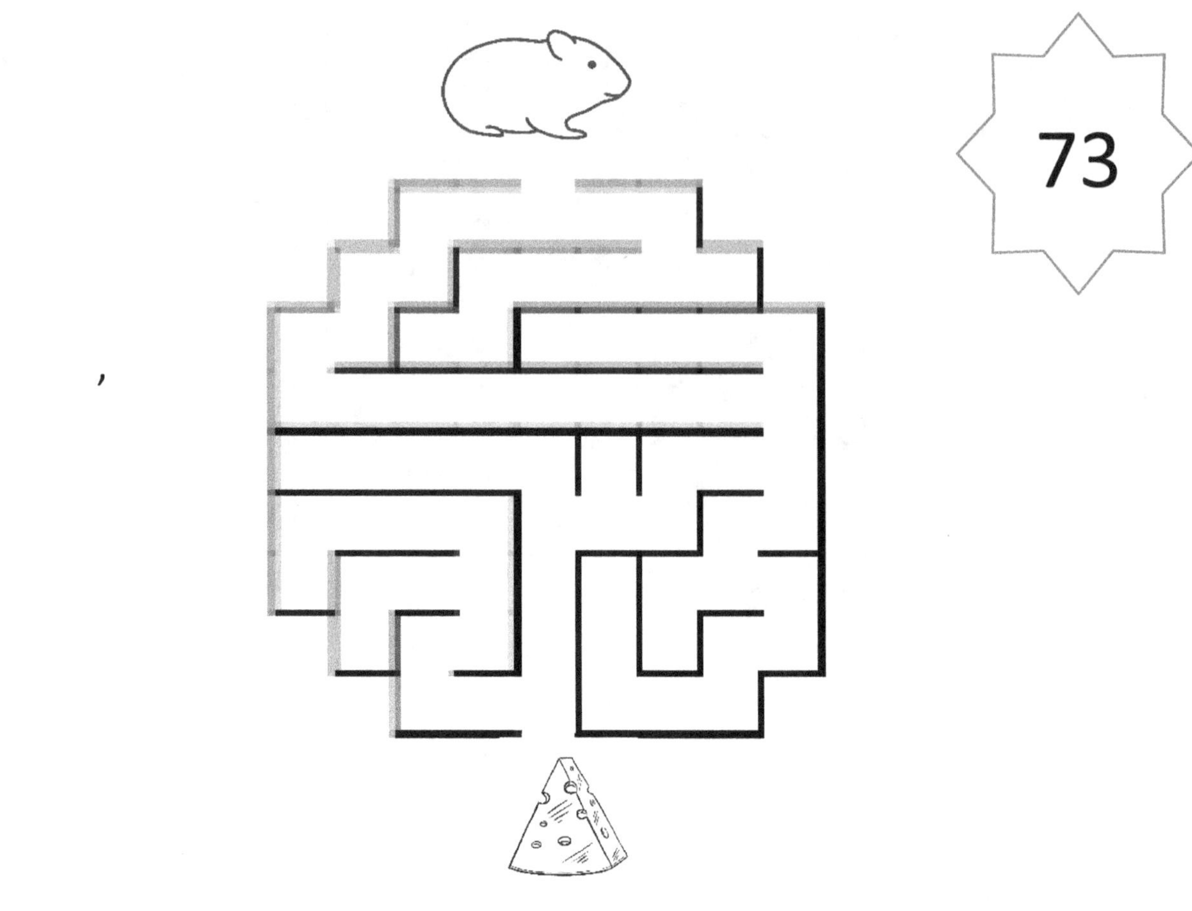

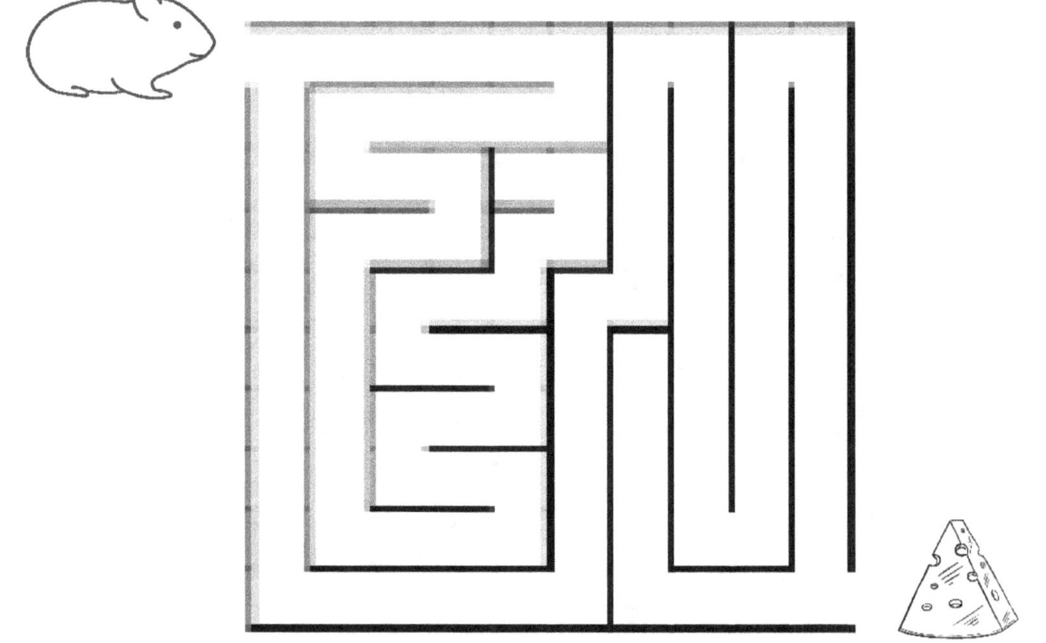

			2			7		4
	2	3		6				5
	4			5				
	3		6				4	
	8	2		3				
				9	5		6	
3		1						2
8	7	4					9	
2		9				8		

	6	4				9	5	
	9					4		
								6
				6		8		
6	3		4				7	
		7		2			4	
					4	7		
3		5	6		9		2	
	7				5			9

7	5				1			
	4							2
		9			7			
5		8	6					
	3	4	9				5	6
				8				
			1		8			7
			7		3	6		4
	1		4	2		5	9	

4		2	9			7		3
6		5	8			9		
	1	9						5
	2	8		6		1		
	7	1			5			
			4	2	9			6
					7	4		2
2		4						7

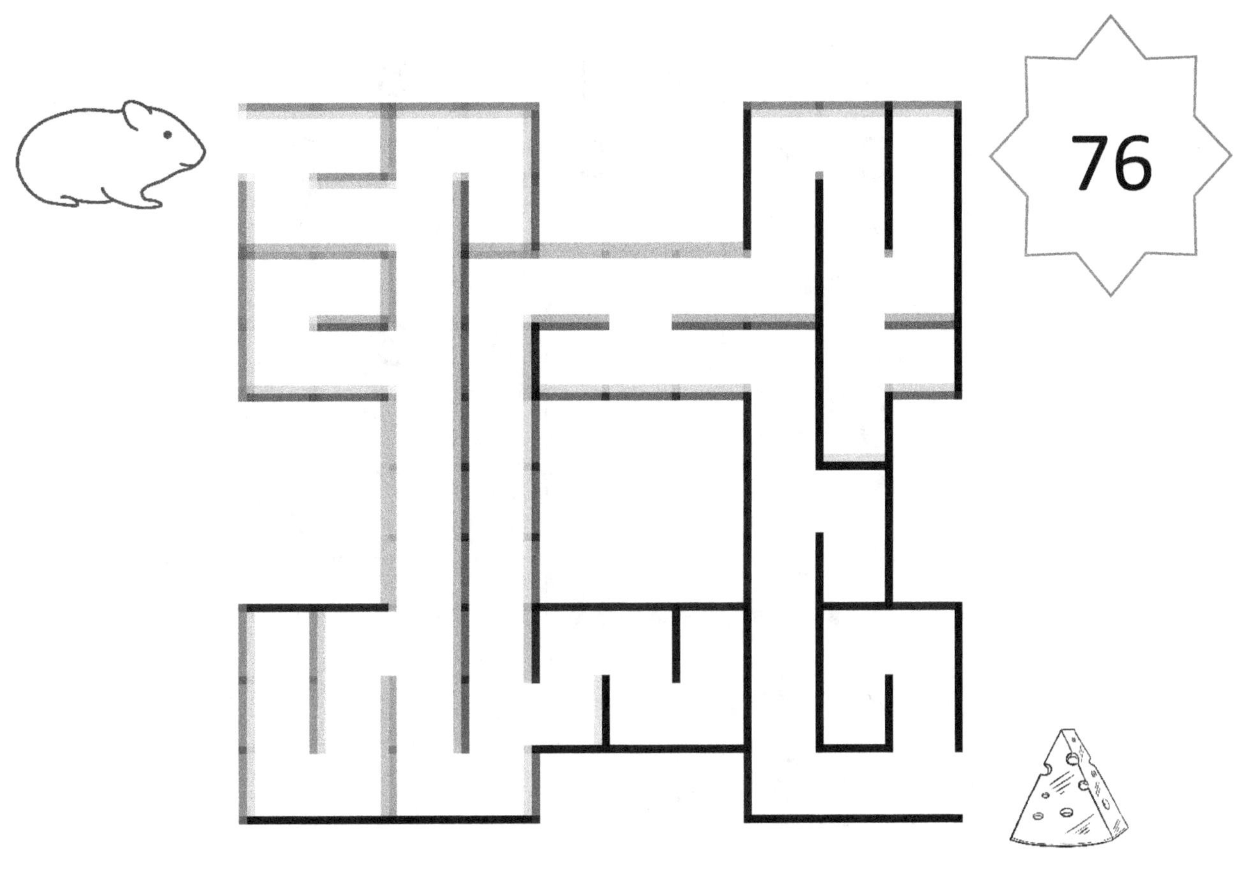
76

			2	4		8		
	8	7		9			6	
	4						9	
	7				4	6		
	5	8					7	
					6		3	9
7		1		8				
5	2	4			3			
8		3	5					

			8		5			3
	2	9	3					1
	1	3				4		
9			7		4	6		
	6			5				
		4	6		3	8		
4		6				2		
			4	9				
3	9			6	8	5		

7		2		6	5			
							8	7
6	8	9	1					
				8			5	
							9	6
			3					1
2			7					8
	1		2	3			7	
9	4							

			3		7		1	8
	8	5						
				4		5	6	7
		3			5			
	7	6						
	4			9				
	5			8				1
		8		1	9	4		
						2		6

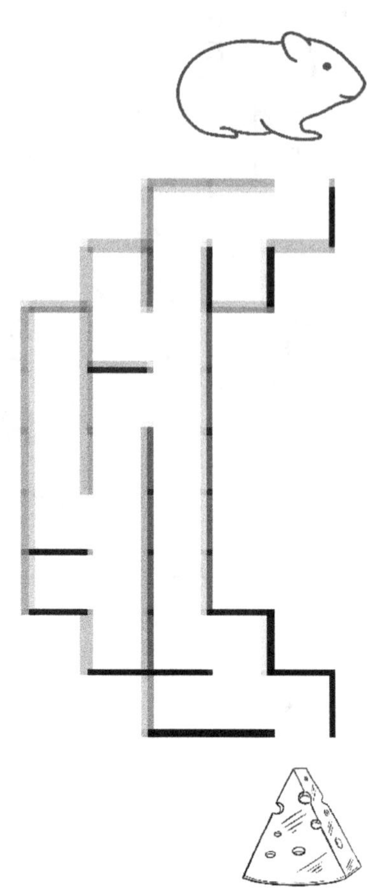

79

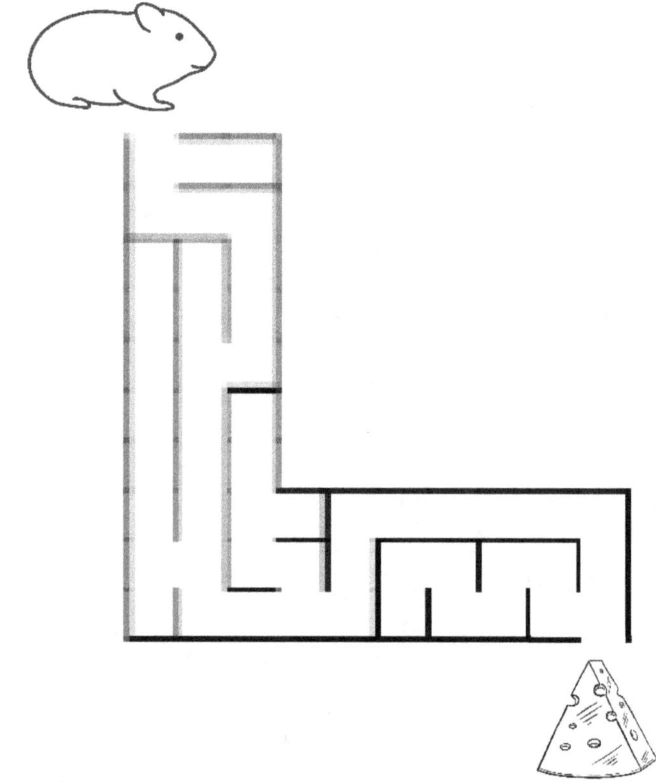

	8		1					5
		2	7		5	4	6	
	7			2				
			3	6		9	8	4
		7						
							5	7
2	5							
		9				5	3	
1	3				8		2	

	4		9		6		1	2
	5		4				8	7
					7	3		4
8			3			2		5
		7				9		3
2	1	4			8			
		9	1		2			
					9		2	1

	9	5				1		
		3		5	2			
			1	7	8	3	5	
			7	9		4		3
5		8	6			2		
					3			
			5		4		3	
		6						4
	2	1	3					

1			4		3			
					6		2	
4				8				
	7		3	9				
	8			6	5	3	7	
		9						
9	1						4	
5	4						6	7
	6	2			1	8		3

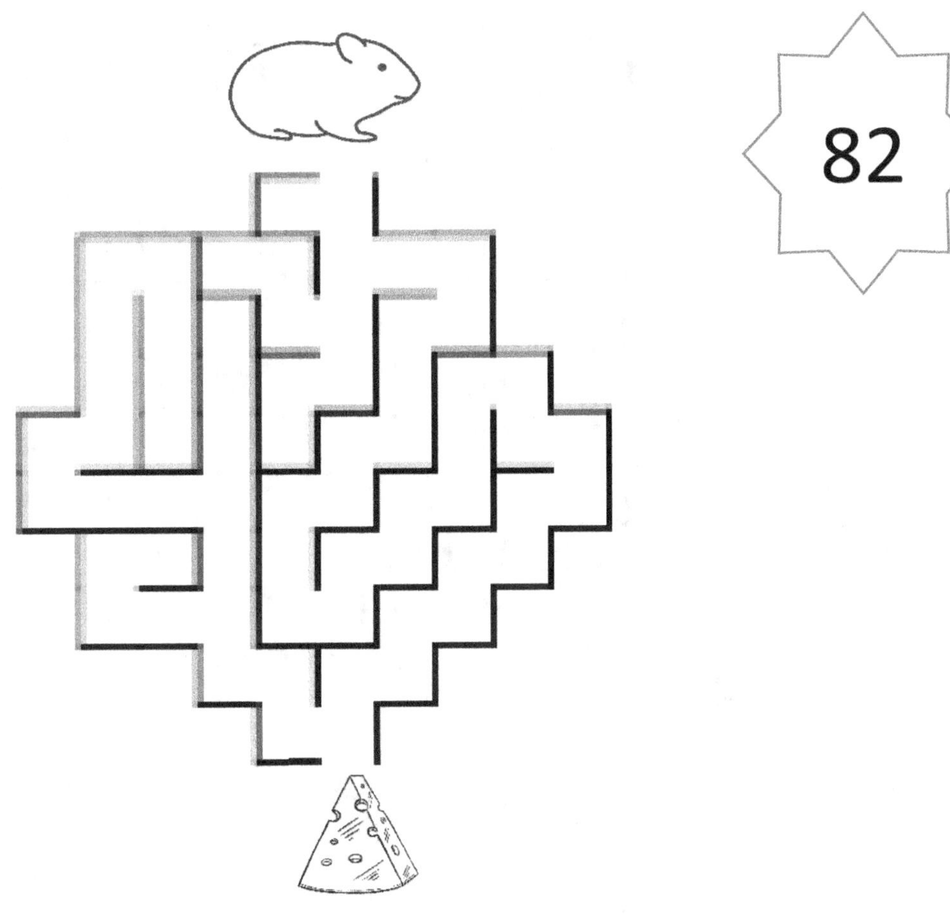

	1				7			9
5		8	6				1	2
					2	6		
7	8	3				5		4
			2					
1	2							
				6	1			
4		1	3					
6				9	4		7	

2	1					9		5
			1	6				
8	5	6					4	
				9				6
			5	8				
			4				7	
	2		6				1	
		4		1			2	7
	8	3						

84

					4			9
			7	5				
	1					5		4
		7	5	9				2
4		9	6				3	
		6				8		
			8	3		4		
6	8							
9			1					3

						3		9
	4							7
	2		5					
4			6	7		9	5	8
		7		1				
	8	3		5				4
		1				4		2
2	9	4	3					
					7		9	

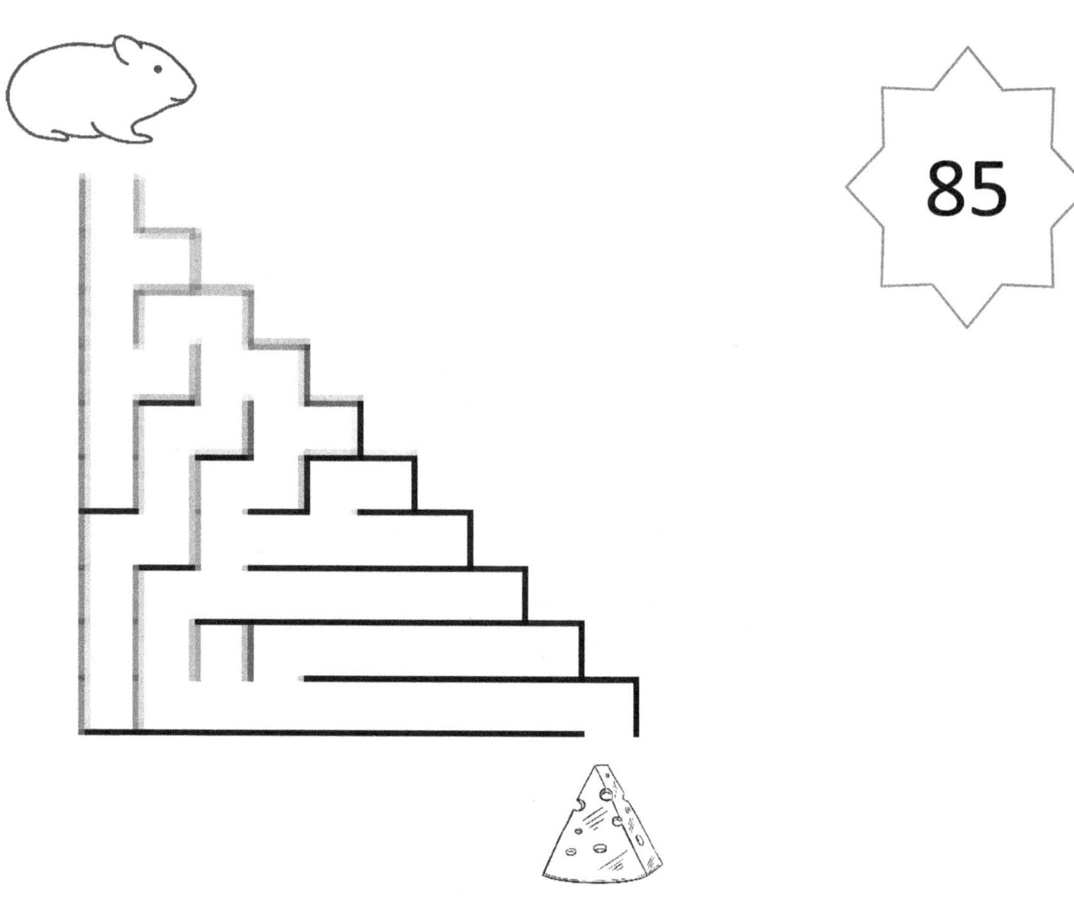

		1		5		2		
4	7	8		6		1		
5				1	3	8		
	4		3				2	9
8					2		7	1
	2	6						
			8					3
	1			2			6	
						9	1	

			4	2				
	8				3	6		
	5					1		
1			5	3	4			
	7					4	1	
	4			8		3	2	
	9						5	6
		8	7					
						8	7	

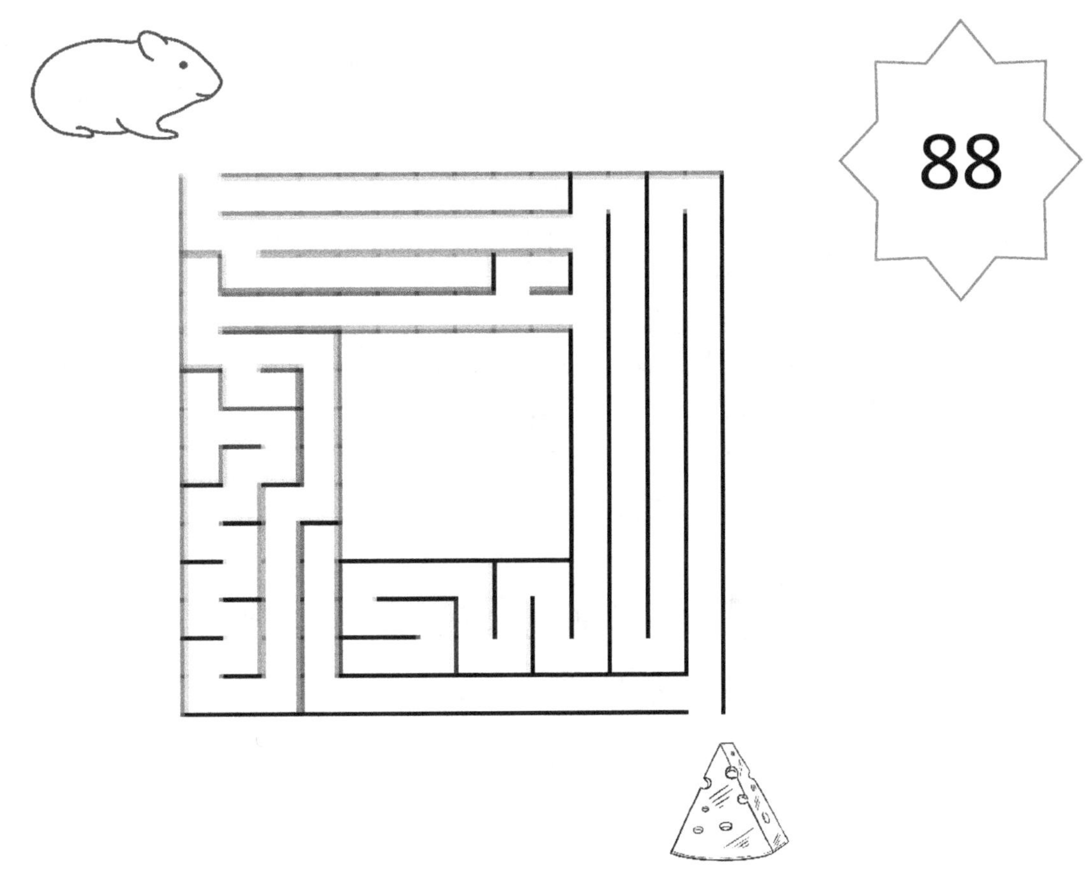

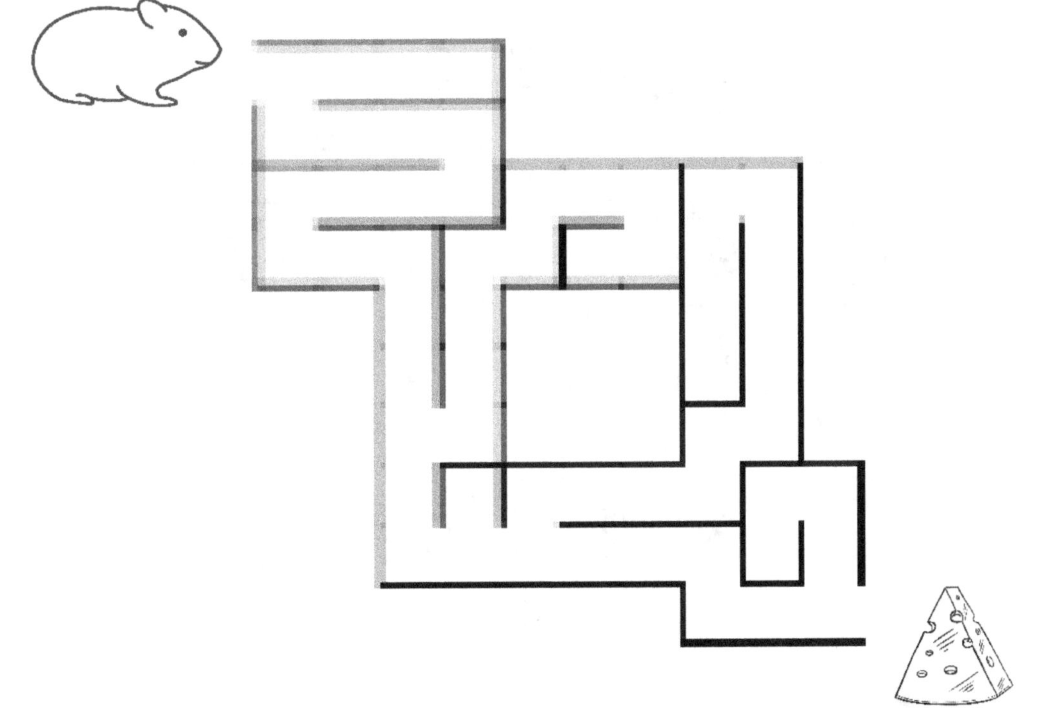

					2		4	5
				1	7			
4		1	6				9	
		5		2	6			8
	6		3			9		
		3				4		
	5			6		3		
8		6		5				
							6	

4	7		3	2	9			
	8					6	2	
8		9				5	7	
	6	7				9		1
	5							4
		3	2		5	8		
				9			4	
5				8				

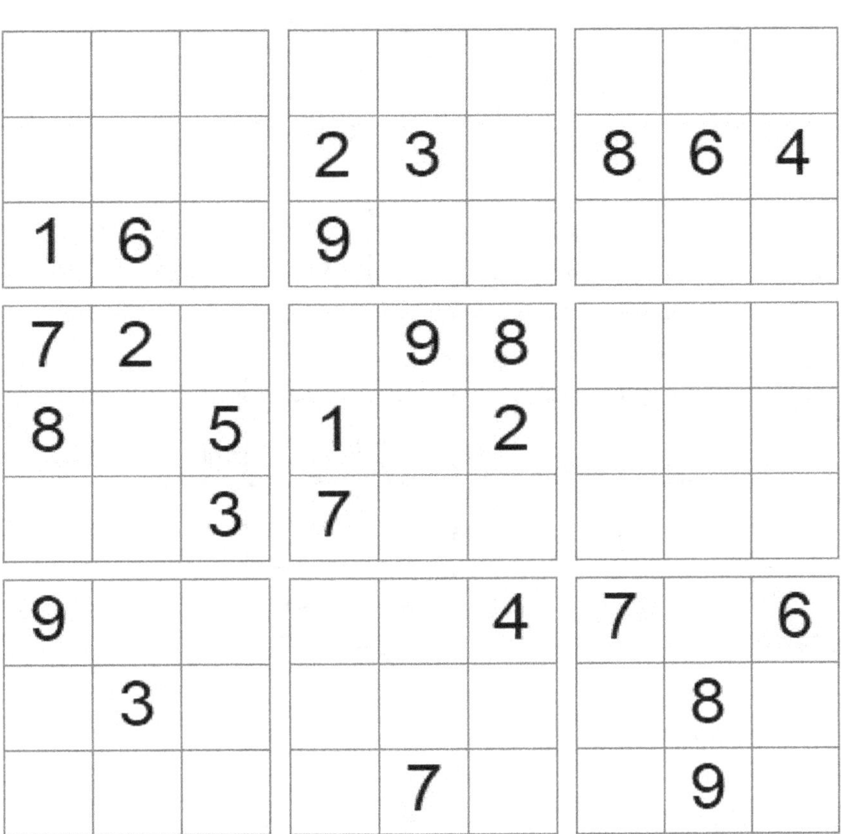

3			9			8		
5			8			4	7	1
8		6	4					3
	6			9	2		1	
		9		7	8			4
						5	9	
	4				6			
9				5			8	
			2	8				

91

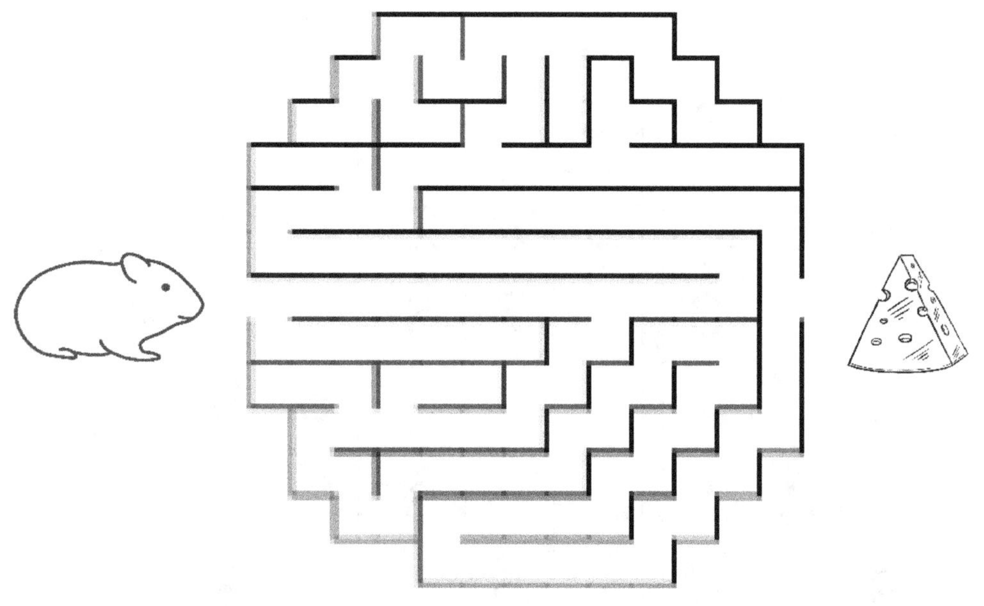

92

	9			8				2
	2			6		3	5	4
	4		7	2		8		
1		9			7		3	
2		5	9			4		
							9	6
7					4			
		6		9			2	
	1	2						

		5	4			8		
				5				9
7	3							4
		2			9	5	1	
				2		3		
3			5					8
8				6		4		
	1		3		2		6	
9								

	5			8			7	3
	2				9			
						6		5
2						5	1	
		4		7			3	
	1				6			4
		3			4			2
				1		8	5	
					7			

2	3	9				4		7
			8	9				6
			1	7		6	3	
			3		5		7	8
					4			1
9	1		6				2	
		3		4				
		6				1		

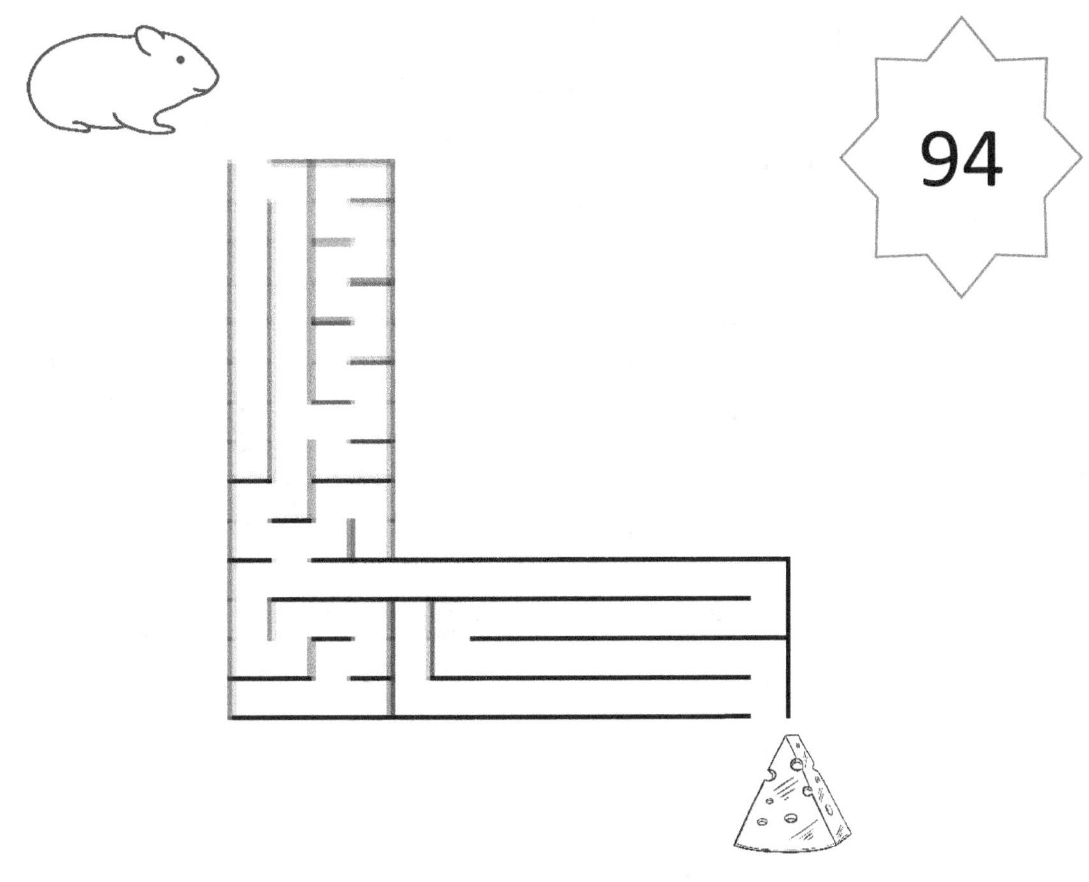

94

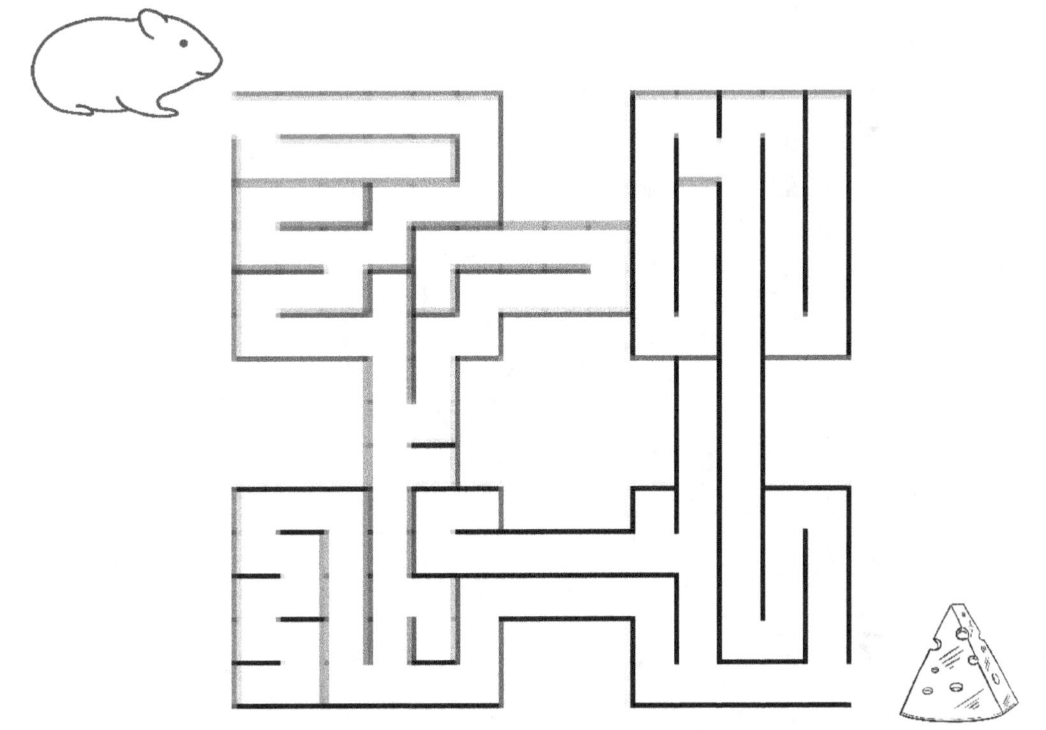

4		6	5	2	3			
		8					7	5
8	3						1	6
	6	7				9	3	
		1				4		
	2			5	1		8	
			3					4
1			8					

	9		5	7				
6		2	8	3		5		
	8			6			9	
	2				6			
			3	8			6	
		6	1				4	
4		8					5	2
2	7	9					3	1
	3	1		4				

1	3		2		6			
		8					6	
4	6						5	
		3	6		9			8
		4	7					
			8				1	
			1	7			4	5
	8	2				7	9	
					2			

	5			9	2	1		
			6	1		9	3	
			4					
		5				3		9
9	8			2				1
	4					7	6	
				3			1	
	7			8	4		5	
			1					

97

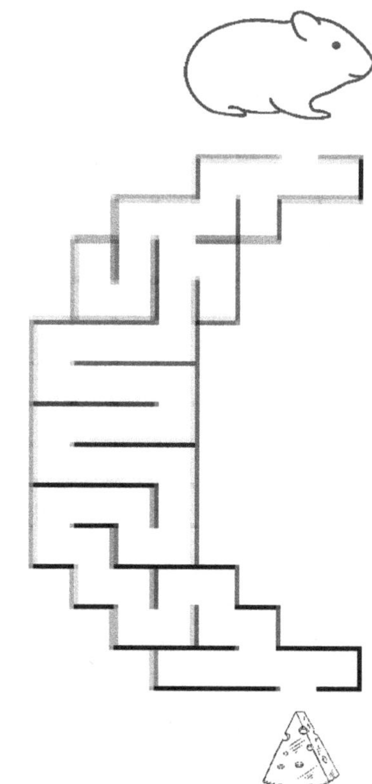

98

	8			3		4	9	
	7				1			
						8		2
		7					6	8
5				9			4	
	6				2	5		
4					5	7		
				6			8	3
					9			

	8			6				1
	5		2	9	7			6
4	6		8					9
		4			2	3	1	
1			9			6	7	
				5	1			
		9				4		
	1				6		5	
							6	3

	9	3	5	2	1			
		6				1		4
5	6					3		8
3		4					7	5
		8					9	
2			8	1				6
					5	9		
	8				6			

	2		1			7		
	4	1	9	3				
	5					6		
1	6	4		7				2
9					3			
		5		1			6	
					9	3	5	
3	9			4			2	

www.ingramcontent.com/pod-product-compliance
Lightning Source LLC
Chambersburg PA
CBHW081419250726
48654CB00013B/1760
9798705586615